BEI GRIN MACHT SICH IHR WISSEN BEZAHLT

- Wir veröffentlichen Ihre Hausarbeit,
  Bachelor- und Masterarbeit

- Ihr eigenes eBook und Buch -
  weltweit in allen wichtigen Shops

- Verdienen Sie an jedem Verkauf

Jetzt bei www.GRIN.com hochladen
und kostenlos publizieren

Bibliografische Information der Deutschen Nationalbibliothek:

Die Deutsche Bibliothek verzeichnet diese Publikation in der Deutschen National-
bibliografie; detaillierte bibliografische Daten sind im Internet über http://dnb.d-
nb.de/ abrufbar.

Dieses Werk sowie alle darin enthaltenen einzelnen Beiträge und Abbildungen
sind urheberrechtlich geschützt. Jede Verwertung, die nicht ausdrücklich vom
Urheberrechtsschutz zugelassen ist, bedarf der vorherigen Zustimmung des Verla-
ges. Das gilt insbesondere für Vervielfältigungen, Bearbeitungen, Übersetzungen,
Mikroverfilmungen, Auswertungen durch Datenbanken und für die Einspeicherung
und Verarbeitung in elektronische Systeme. Alle Rechte, auch die des auszugsweisen
Nachdrucks, der fotomechanischen Wiedergabe (einschließlich Mikrokopie) sowie
der Auswertung durch Datenbanken oder ähnliche Einrichtungen, vorbehalten.

Impressum:

Copyright © 2007 GRIN Verlag, Open Publishing GmbH
Druck und Bindung: Books on Demand GmbH, Norderstedt Germany
ISBN: 9733640492992

Dieses Buch bei GRIN:

http://www.grin.com/de/e-book/141203/compliance-betriebswirtschaftliche-einord-
nung-und-ausgewaehlte-standards

Manfred Mann

Compliance - Betriebswirtschaftliche Einordnung und ausgewählte Standards im IT-Bereich

GRIN Verlag

GRIN - Your knowledge has value

Der GRIN Verlag publiziert seit 1998 wissenschaftliche Arbeiten von Studenten, Hochschullehrern und anderen Akademikern als eBook und gedrucktes Buch. Die Verlagswebsite www.grin.com ist die ideale Plattform zur Veröffentlichung von Hausarbeiten, Abschlussarbeiten, wissenschaftlichen Aufsätzen, Dissertationen und Fachbüchern.

Besuchen Sie uns im Internet:

http://www.grin.com/

http://www.facebook.com/grincom

http://www.twitter.com/grin_com

Seminararbeit:

Compliance
Betriebswirtschaftliche Einordnung und
ausgewählte Standards im IT-Bereich

Manfred Mann

Bakkalaureat Wirtschaftsinformatik (033 526)
SoSe 2007, LV 0255, Informationswirtschaft 2

Wien, 10. Mai 2007

Stichworte/Keywords: Compliance, COBIT, ITIL, ISO 20000, CMMI, ISO 9001, Basel II, Sarbanes-Oxley Act

Zusammenfassung: Für Unternehmen gewinnt ein strukturiertes Management der eigenen IT-Systeme immer mehr an Bedeutung. Die Gründe hierfür sind verstärkter Konkurrenz- und Kostendruck ebenso wie die Zunahme an Regulierungen und Gesetzen. Diese Arbeit soll die Bedeutung von Compliance, also dem Definieren und Einhalten bestimmter Standards in Unternehmen, zunächst betriebswirtschaftlich erklären und anschließend an ausgewählten Standards aus dem Bereich der Informationstechnologie, nämlich COBIT, ITIL/ISO 20000, CMMI und ISO 9001 illustrieren. Abschließend wird eine rechtliche Einordnung im Zusammenhang mit Basel II und dem Sarbanes-Oxley Act gegeben.

Anmerkung: Im Text sind bei Personen-, Berufs- und ähnlichen Bezeichnungen im Allgemeinen sowohl die männlichen als auch die weiblichen Bezeichnungen gemeint. Um die Lesbarkeit zu erleichtern wird der deutschen Rechtschreibung folgend die männliche Bezeichnung benutzt.

Abstract: For companies, a structured management of the own IT systems is becoming more and more important. The reasons for this are increasing pressure by competitors, the goal of reducing costs, and the increasing number of regulations and laws. This paper is intended to show the importance of compliance for companies in general and to illustrate this by focusing on standards concerning information technology, namely COBIT, ITIL/ISO 20000, CMMI and ISO 9001. Finally, it will give an overview about some legislative issues in connection with compliance, especially Basel II and the Sarbanes-Oxley Act.

Inhaltsverzeichnis

1 Einleitung

1.1 Definition

K unden stellen heute an ihre Lieferanten hohe Anforderungen. Produkte sollen möglichst individuell auf die Bedürfnisse des Kunden abgestimmt sein, müssen aber dennoch schnell und zu niedrigen Kosten verfügbar sein.

Zudem kommt heute kein Unternehmen mehr ohne IT aus. Einerseits erleichtert sie viele Abläufe im Unternehmen, da sich diese mithilfe der IT strukturieren und vereinfachen lassen, andererseits erwarten Kunden auch schnelle und präzise Antworten auf ihre Fragen, beispielsweise per E-Mail. Die IT steht heute im Zentrum jeder betriebswirtschaftlichen Überlegung. Wer das schnellere, zuverlässigere und mehr Nutzen bereitstellende Informationssystem hat, kann sich gegenüber seinen Konkurrenten einen deutlichen Wettbewerbsvorteil verschaffen. Umso bedeutsamer ist es, die Verantwortung für die IT im Unternehmen nicht an irgendeine Abteilung abzuschieben, sondern es ist heute mehr denn je auch eine Aufgabe des Top-Managements, die IT zum Wettbewerbsvorteil zu machen.

Dies beinhaltet insbesondere den geplanten und strukturierten Einsatz der Informationssysteme. Es macht wenig Sinn, einfach den Mitarbeitern einen PC unter den Schreibtisch zu stellen und damit die Aufgabe der IT-Beschaffung als abgeschlossen zu betrachten. Strukturierte Regeln für den Einsatz der Informationssysteme sind heute unumgänglich - dies beinhaltet beispielsweise die Frage, wann welche Daten wo, wie abgelegt werden, wer darauf zugreifen und an wen er sie weitergeben darf, geht weiter über Regeln zur Datensicherung bis hin zu Notfallplänen, was beispielsweise im Fall eines Feuers oder Wassereinbruchs mit den Daten und der IT-Infrastruktur zu tun ist.

Die Aufstellung und Einhaltung solcher Verhaltensregeln, in Kombination mit der Einhaltung von gesetzlichen Vorschriften, auf die ich später noch eingehen werde, wird unter dem Begriff „Compliance" zusammengefasst. Dies kann man auf Deutsch in etwa mit Befolgung, Einhaltung oder Übereinstimmung übersetzen, und bedeutet eben nichts anderes, als dass das Unternehmen Regeln hat, die von allen Mitarbeitern befolgt werden.

1.2 Compliance-Standards

Nun ist es aber nicht so, dass sich einfach jedes Unternehmen beliebig selbst Regeln
definieren sollte, sondern es wurden von verschiedenen Gremien wie beispielsweise der
International Standards Organization (ISO) entsprechende Compliance-Standards für
verschiedene Branchen festgelegt. Jedes Unternehmen kann nun überprüfen, ob seine
Prozesse „compliant" zu einem bestimmten Standard sind und sich entsprechend zertifizieren lassen. Diese Zertifizierung kann dann auch als Gütesiegel gegenüber poten-
ziellen Kunden kommuniziert werden und damit einen Wettbewerbsvorteil darstellen.

Außerdem kann das Unternehmen im Rahmen des Zertifizierungsprozesses eigene
Schwachstellen entdecken und dies zum Anlass nehmen, diese Schwächen auszumerzen
und somit die eigenen Prozesse noch besser zu gestalten, was am Ende ebenfalls in
einer höheren Wettbewerbsfähigkeit am Markt resultieren kann.

Ich werde in dieser Arbeit zunächst die Bedeutung von Compliance für Unternehmen allgemein darstellen und den Markt rund um Zertifizierungen untersuchen. Anschließend werde ich die Bedeutung für die Softwareindustrie beleuchten und einige
Compliance-Standards exemplarisch darstellen, nämlich COBIT und ITIL/ISO 20000
sowie CMMI und ISO 9001. Abschließend werde ich noch einen rechtlichen Zusammenhang zu Compliance beschreiben, speziell mit den Eigenkapitalrichtlinien „Basel
II" und dem sgn. Sarbanes-Oxley Act (SOX), der für Unternehmen in den USA umfangreiche Kontroll- und Dokumentationspflichten mit sich bringt.

2 Betriebswirtschaftliche Überlegungen

Unternehmen haben heute eine ganze Reihe an Gesetzen und Vorschriften einzuhalten, wobei praktisch alle Abteilungen, vom Marketing bis zum Aufsichtsrat, betroffen sind. Im Arbeitsrecht sind Antidiskriminierungsvorschriften zu beachten, im Vertragsrecht spielt der Verbraucherschutz eine immer größere Rolle. Weitere Stichworte sind Patentschutz, Produkthaftung, Unlautere Werbung, Kartellrecht, Anlegerschutz, Untreue, Korruption, handelsrechtliche Pflichtangaben in E-Mail-Signaturen, um nur einige zu nennen. Speziell diese gesetzlichen Vorschriften haben in Folge von Skandalen wie um die US-Unternehmen Enron und Worldcom, die 2001 bzw. 2002 Insolvenz anmelden mussten, eine deutliche Ausweitung erfahren. [Fock07]

Für Unternehmen stellt sich nun die Frage, wie sie auf diesen Zuwachs an Komplexität reagieren sollen. Speziell für große Unternehmen hätte es verheerende Folgen, das Thema Compliance einfach zu ignorieren, da negative Reaktionen der Aktionäre und Kunden mit entsprechender Medienresonanz zu erwarten wären. Daher haben Konzerne längt begonnen, eigene „Compliance-Teams" einzurichten und das Berufsbild des „Chief-Compliance-Officers (CCO)" zu schaffen.

Der wichtige Punkt dabei ist, dass es sich bei Compliance nicht um ein Thema handelt, das man einfach einer einzelnen Person „übergeben" kann, sondern Compliance erfordert die Mitwirkung der gesamten Belegschaft. Daher ist die Information und Schulung der Mitarbeiter eine der zentralen Aufgaben des Compliance-Teams. Daneben ist es ebenfalls wichtig, eine positive Außenwirkung zu erzielen. Wie bereits dargestellt, kann es für Unternehmen einen Wettbewerbsvorteil bedeuten, „compliant" zu sein und dies auch entsprechend via Pressemitteilungen oder sogar im Briefkopf auf dem Firmenpapier gegenüber Aktionären, Kunden und anderen Stakeholdern zu kommunizieren.

Der deutsche Chemiekonzern BASF aus Ludwigshafen beispielsweise fasste zentrale gesetzliche Bestimmungen sowie die entsprechende Unternehmenspolitik in einer Handlungsanleitung zusammen und verteilte diese an seine Mitarbeiter. Alleine in den Jahren 2000 bis 2002 wurden am Stammsitz des Unternehmens rund 70 entsprechende

Informationsveranstaltungen abgehalten. Ein zentral eingerichtetes Support-Büro bot zusätzliche Hilfe mit Informationsmaterial und Beratung. Weiterhin baute das Büro innerhalb der BASF ein internationales Netzwerk mit lokalen Beauftragten auf. Mit der Ernennung eines Chief Compliance Officers wurde außerdem eine Stelle geschaffen, die für die kontinuierliche Weiterentwicklung des Programms und die Betreuung des Netzwerks der regionalen Compliance-Beauftragen zuständig ist. [BASF04]

Der US-amerikanische Online-Broker *E*TRADE Securities* definiert das Berufsbild des Chief-Compliance-Officers in einer Stellenanzeige wie folgt: [Care07]

„The Chief Compliance Officer- Retail will be directly responsible for the firms' compliance functions as they impact all aspects of the business. This includes ensuring that the firm's policies and procedures comply with all applicable laws and regulations, all employees are informed of their obligations and are motivated to comply, and that controls and surveillance routines are established and maintained.

...

Ensure that software technology is in place to adequately provide oversight and monitoring in all required areas."

Die Aufgabe des Top-Managements besteht außerdem darin, im Konzern entsprechende finanzielle und personelle Ressourcen für das Thema Compliance bereitzustellen und die Bedeutung dieses Komplexes gegenüber allen Mitarbeitern zu verdeutlichen. „Die Verantwortung für die Corporate Compliance liegt in jedem Fall beim Vorstand, der von einem oder mehreren Compliance-Officern unterstützt werden sollte, die für ihn Sparringspartner in Augenhöhe und von anderen Abteilungen unabhängig sind. Wer Corporate Compliance als Teil der Unternehmenskultur betrachtet, hat beste Chancen, dauerhaft erfolgreich zu sein." erklärt Axel Jäger, Professor für Wirtschaftsrecht an der FH Frankfurt. [Fock07]

2.1 Der Markt für Compliance

Nicht nur unternehmensintern ist Compliance inzwischen ein wichtiger Begriff geworden, denn längst haben Unternehmen Geschäftsmodelle gefunden, mit diesem Thema Geld zu verdienen.

So bietet beispielsweise die amerikanische *Integrity Interactive Corp.* aus Waltham im US-Bundesstaat Massachussets internetbasierte Dienstleistungen in Fragen von Unternehmensethik und Compliance an. Dies beinhaltet beispielsweise Schulungen für Mitarbeiter von Unternehmen und umfangreiches Informationsmaterial für das Management. Über verschiedene Dokumentationsfunktionen der Schulungssoftware lässt sich der individuelle Fortschritt jedes Mitarbeiters feststellen und gegenüber Aufsichtsorganen kommunizieren. [Hard07]

Auch große Anwaltskanzleien oder Wirtschaftsprüfungsgesellschaften bieten inzwischen umfangreiche Beratung zu Fragen wie unfaire Verkaufspraktiken oder EU-Wettbewerbs-Richtlinien an.

„Die US-Firma Integrity Interactive sieht in ihren Compliance-Schulungen einen rasch wachsenden Markt. Der Umsatz werde sich internen Forschungen zufolge von 2004 bis 2010 um das 14-fache steigern. 2004 habe der Umsatz weltweit bei 50 bis 60 Mill. USDollar gelegen, 2006 wurden bereits 200 Mill. Dollar erzielt." [Hard07]

Das deutsche Unternehmen *UIMCert* bietet ein Programm an, mit dem „Datenschutzverantwortliche den Datenschutzstandard ihrer Institutionen auf Ordnungsmäßigkeit überprüfen können. Das Tool bildet die Anforderungen der Datenschutzgesetzgebung auf der rechtlichen, organisatorischen und IT-Sicherheitsseite ab. Die Ergebnisse des durchgeführten Checkups sind eine Schwachstellenliste als Grundlage für Verbesserungen. Das Management erhält in Form einer quantitativen Zusammenfassung zuverlässige Auskunft über den Stand der Ordnungsmäßigkeit im Datenschutz." [Scho07]

3 Compliance in der Software-Industrie

3.1 Application Lifecycle Management

In Unternehmen, die Software entwickeln, setzen verschiedene Projektteams oft unterschiedliche Tools und Prozesse ein, beispielsweise zum Sourcecode-Management oder zur Archivierung von Daten. Die Standardisierung dieser Prozesse ist ein Beispiel für Compliance in Softwareunternehmen und wird als Teil von „Application Lifecycle Management" (ALM) verstanden. Dabei handelt es sich um einen Prozess, der Definition, Design, Entwicklung, Einsatz und Wartung von Software als Kreislauf begreift, wobei jeder Schritt umfangreich beobachtet und dokumentiert wird.

Zur Überwachung der Umsetzung eines ALM-Konzeptes kann beispielsweise eine sgn. „Compliance-Scorecard" herangezogen werden, auf der die Schritte und Zeitpunkte zur Umsetzung eines Konzeptes eingetragen werden. Diese Scorecard wird dann zur Kommunikation gegenüber dem oberen Management verwendet und erzeugt damit auch einen Gruppendynamik-Effekt, denn kein Team wird es sich erlauben wollen, gegenüber den anderen im Unternehmen mit der Umsetzung der Compliance-Strategie zurückzuliegen. [Raga06]

3.2 Risiken und Probleme

Eine wichtige Rolle im Zusammenhang mit der Entwicklung von Software spielt das Thema Risiko. So geht zB das CMMI-Modell davon aus, dass Konzepte, die in Industrieunternehmen zur Qualitätssicherung eingesetzt werden, genau so auch für Softwareentwicklung eingesetzt werden können. In Wirklichkeit scheint die Sachlage jedoch etwas komplizierter zu sein, da in der Industrie vor Allem sgn. „replication risks" auftreten, d.h. das Risiko, dass beispielsweise eine Maschine nicht ordnungsgemäß arbeitet und daher nicht alle Exemplare eines Produkts die gleiche Qualität aufweisen. Bei der Softwareentwicklung stehen hingegen die sgn. „design risks" im Vordergrund, denn die Art und Weise, wie bei der Entwicklung einer Software vorgegangen wird, hat maßgeblichen Einfluss auf deren spätere Qualität. So spielt zB die Frage, welche Teile eines Programms parallel und welche sequenziell entwickelt werden müssen, eine wichtige

Rolle. Dabei entsteht das Risiko, große Teile einer Software komplett neu schreiben zu müssen, je später man schwere Designfehler bemerkt. [BoMc91]

Ein weiteres Problem wird mit dem Stichwort „Process Fossilization" bezeichnet.

> „In process fossilization, the way software development is done may become
> stilted and lethargic due to the constant need to keep the process in line
> with the expectations of the fixed template used to grade it.
>
> This type of process fossilization is really just a reflection of the fact that
> when adaptive systems are repeatadly tested against some model, they
> will quickly begin to reflect the major characteristics of that test model."
> [BoMc91]

Dies bedeutet, dass bei der Softwareentwicklung das Risiko besteht, bestimmte Dinge nur zu tun, weil die Einhaltung von bestimmten Compliance-Standards sie verlangen, aber nicht weil sie im jeweiligen Kontext tatsächlich sinnvoll wären. So kann es passieren, dass die gesamte Struktur eines Programms fragil und unorganisiert wird, weil an unzähligen Stellen Modifikationen vorgenommen wurden, um Compliance-Standards einhalten zu können. Dies reduziert die Flexibilität des Programms und führt zu „Fossilization".

Verwandt hiermit ist das sgn. „Process dithering":

> „Process dithering is when a project or organization spends most of its time
> trying to optimize the low-level symptoms of what is actually a high-level
> flaw in the process." [BoMc91]

Beispielsweise kann es passieren, dass viel Zeit in die Dokumentation und Messung von Programmteilen investiert wird, die sich später ohnehin als redundant und verzichtbar herausstellen.

4 Ausgewählte Compliance-Standards

4.1 COBIT

COBIT (Control Objectives for Information and related Technology) ist ein Standard, der vom ITGI, dem IT Governance Institute, einem Non-Profit-Forschungsinstitut in den USA, 1996 herausgegeben wurde und aktuell in Version 4.0 (2005) vorliegt.

COBIT nennt 34 Kontrollziele in der IT-Infrastuktur eines Unternehmens, die sich in 4 Gruppen zusammenfassen lassen: [ITGI05]

- Plan and Organize

  Im Unternehmen sollen Ziele festgelegt werden, wie und wofür die IT-Infrastuktur verwendet werden soll, um möglichst viel Nutzen für die Organisation generieren zu können. Konkret bedeutet dies beispielsweise die Einführung eines IT-Strategieplans sowie von Richtlinien zum IT-Investment.

- Acquire and Implement

  Hier geht es um den Entwurf, die Auswahl, den Ankauf, die Einführung und die Wartung von Hard- und Software. Dem „Change-Management", also der kontinuierlichen Weiterentwicklung der Software, wird besondere Beachtung geschenkt.

- Deliver and Support

  Die Eingliederung der IT in die Geschäftsprozesse, Schulung der Benutzer, Management der anfallenden Daten und die Sicherstellung der Verfügbarkeit der Systeme sind einige Ziele, die in diesem Abschnitt definiert werden.

- Monitor and Evaluate

  Der letzte Teilbereich definiert Verfahren, um die Performance, die Kosten und die Einhaltung der gesetzlichen Vorgaben im Zusammenhang mit der IT-Infrastruktur messen und darstellen zu können.

Jeder der 34 Bausteine enthält detaillierte Vorgaben zu seiner Umsetzung und Messung. Somit lässt sich feststellen, bei welchen Prozessen das Unternehmen gut aufgestellt ist, wie es zu seinen Mitbewerbern steht und wo Verbesserungspotential besteht.

Auch lassen sich Prozesse identifizieren, die besser an externe Spezialisten abgegeben werden könnten und solche, die im eigenen Unternehmen bleiben sollten.

Zusammengefasst dient COBIT dazu, die IT-Infrastruktur auf die Geschäftsziele des Unternehmens auszurichten und in Einklang mit rechtlichen Regulatorien und betriebswirtschaftlichen Anforderungen zu bringen. [Hard06]

4.2 ITIL / ISO 20000

ITIL (IT Infrastructure Library) ist eine Sammlung von Best Practices zum Management eines IT-Systems ("IT Service Management"). Die erste Version wurde von der *Central Computing and Telecommunications Agency (CCTA)*, heute OCG (Office of Government Commerce) aus Großbritannien 1995 publiziert, aktuell liegt die Version 2 aus dem Jahr 2003 vor.

Inhaltlich gliedert sich ITIL in zwei große Bereiche mit den Namen "Service Support" und "Service Delivery". Während sich ersterer auf die Bereitstellung und Verfügbarkeit der IT im Unternehmen konzentriert und damit Themenfelder wie *Release Management*, *Incident Management* oder die Einrichtung eines *Service Desks* im Unternehmen beschreibt, behandelt letzterer das Management des IT-Systems ansich und gliedert sich in Punkte wie *IT Financial Management* oder *Capacity Management*. [ITIL05]

Die Inhalte der ITIL sind in die Norm ISO 20000 eingeflossen, die wiederum aus dem britischen Standard BS 15000 hervorgegangen ist. Für Unternehmen ist es möglich, eine Zertifizierung nach ISO 20000 zu erwerben und somit die Umsetzung eines IT-Service-Managements anhand der Vorgaben der ITIL messen und zertifizieren zu lassen [OoGC06]

4.3 CMMI

Die Abkürzung CMMI steht für "Capability Maturity Model Integration" und bezeichnet ein Modell, das in den 80er Jahren vom US-amerikanischen Verteidigungsministerium (*Department of Defense, DoD*) entwickelt wurde. Der Anstoß hierfür war das Problem, dass das DoD häufig Ausschreibungen für Softwareprojekte vorzunehmen hatte und eine Art Leitfaden brauchte, nach dem es die Fähigkeiten der Bieter beurteilen konnte.

Zu diesem Zweck wirkte das DoD an der Gründung des *Software Engineering Institute (SEI)* mit, dessen Aufgabe es ist, die Professionalität bzw. die sgn. „Maturity", was man zu deutsch etwa mit Reifegrad übersetzen könnte, der Softwareindustrie in den USA zu verbessern.

Im Jahre 1987 entwickelte das SEI die *Software Capability Evaluation (SEI)* als Konzept zur Beurteilung von Softwareunternehmen. Aus der SEI ging dann 1991 das *Capability Maturity Model (CMM)* hervor, das seit 2000 in einer verbesserten Version als *Capability Maturity Model Integration (CMMI)* vorliegt.

Üblicherweise findet die Beurteilung der Kandidaten mithilfe eines Fragebogens und der Evaluierung ausgewählter bisheriger Softwareprojekte des betreffenden Unternehmens statt. Ergänzend kommen Interviews mit dem Personal hinzu, wobei hier sowohl technische Experten als auch das obere Management befragt werden. Hauptziel des CMM ist es nicht, herauszufinden, wie gut die Software ist, die ein Unternehmen entwickelt, sondern vor Allem festzustellen, wie professionell bzw. „mature" der Entwicklungsprozess abläuft. [OCSa00]

4.3.1 Schwächen

Die Einstufung der Bieter soll in erster Linie dazu diehnen, dem DoD eine „objektive" Entscheidungsgrundlage bei der Auftragsvergabe zu bieten. Dennoch ist es natürlich möglich, die Anforderungen an die Bieter so zu formulieren, dass einzelne, aus welchen Gründen auch immer präferierte Bieter, beim Rating gut abschneiden. Außerdem wird gelegentlich darüber berichtet, dass die Auditoren, die die Interviews und die Prüfung der Unternehmen durchführen, für ihre Aufgabe nur unzureichend qualifiziert seien. [OCSa00]

Dazu werden weitere Probleme geschildert, so versuchen beispielsweise manche Unternehmen, die Auditoren mit Unmengen von Papieren und Informationen zu überschütten, um so den Eindruck zu erwecken, dass ein Unternehmen, das derart viel Dokumentation besitzt, wohl compliant sein muss. Außerdem haben größere Unternehmen auch eimen größeren Fundus an Softwareprojekten, aus denen sie nur die allerbesten als „Referenzprojekte" zur Beurteilung vorlegen werden. Dazu kommt, dass bei der Beurteilung immer der gleiche, aus 101 ja/nein-Fragen bestehende Fragebogen verwendet wird, unabhängig von der Art der Software, die beschafft werden muss. Dies bedeutet, dass Mitarbeiter gezielt geschult werden können, die „richtigen" Antworten zu geben. Allerdings muss angemerkt werden, dass der Fragebogen nicht die alleinige Grundlage für die letztendliche Beurteilung darstellt und die Antworten nicht einfach ungeprüft übernommen werden.

4.3.2 Einstufung

Am Ende der Beurteilung steht eine Einstufung in eine der 5 folgenden Klassen, die den Reifegrad einer Organisation darstellen soll: [BoMc91]

1. Initial

   Ein „Level 1"-Rating wird ohne Anforderungen vergeben, es kann also mit einem „durchgefallen" gleichgesetzt werden.

2. Repeatable

   Hierfür sind verschiedene Anforderungen zum Prozessmanagement und zur Dokumentation der Prozesse zu erfüllen.

3. Defined

   Level 3 beinhaltet unter anderem die Einrichtung einer "Software Engineering Process Group" im Unternehmen, um proaktiv Veränderungen in der Softwareindustrie in die Prozesse aufzunehmen.

4. Managed

   Level 4 beinhaltet weitere Anforderungen an die Sammlung von statistischen Daten zu den Entwicklungsprozesen, um die Qualität und Fehlerfreiheit der Software messen und verfolgen zu können.

5. Optimizing

   In der höchsten Stufe geht es erneut um die Übernahme von Veränderungen und die kontinuierliche Optimierung der Prozesse. Eine weitere Anforderung ist eine strukturierte „Defect prevention", worunter das Aufspüren und zukünftige Vermeiden von Fehlern verstanden wird.

Zu beachten ist, dass zur Erreichung eines bestimmten Ratings nicht nur einfach eine gewisse Prozentzahl der Antworten mit „ja" beantwortet werden muss, sondern es sind bestimmte Gruppen von Fragen positiv abzuschließen. Dies bedeutet, dass ein Unternehmen auch dann ein schlechtes Rating erhalten kann, wenn es in vielen Gruppen weit besser als erforderlich abschneidet, aber eine einzige ganz knapp nicht besteht. Von manchen Autoren wird dies als unfair bezeichnet, auch weil es die statistische Unsicherheit des Tests erhöht. Außerdem wird kritisiert, dass manche Fragen zu abstrakt oder unverständlich seien. [BoMc91]

Abschließend muss allerdings festgehalten werden, dass neben dem Rating auch noch andere Faktoren wie beispielsweise der Preis und die versprochene Lieferzeit wichtige Entscheidungskriterien für das DoD bei der Auftragsvergabe sind.

4.4 ISO 9001

Die von der *International Organization for Standardization (ISO)* entwickelte Zertifizierung „ISO 9000", deren erste Version 1987 publiziert wurde, gilt als allgemeiner Maßstab in Sachen Qualitäts- und Prozessmanagement. Viele staatliche Einrichtungen verlangen von ihren Lieferanten eine entsprechende Zertifizierung. ISO 9001 ist dabei die Variante, die auf die Implementierung von Qualitätsmanagementsystemen in Organisationen fokussiert, während ISO 9000 allgemeine Aussagen und Definitionen zum Qualitätsmanagement enthält. ISO 9000-3 wiederum ist eine Anleitung zur Interpretation des ISO 9001-Standards in Bezug auf die Entwicklung, Einführung und Wartung von Software. Dabei geht es nicht darum, festzustellen, wie gut die Software ist, die ein Unternehmen entwickeln kann, sondern darum zu überprüfen, ob bei der Entwicklung der Software Kriterien der Qualitätssicherung eingehalten werden.

Dabei sind insbesondere folgende Schritte im Unternehmen erforderlich, um eine ISO 9001-Zertifizierung zu erwerben: [nach Coal94]

- Leadership
  Hier wird Wert darauf gelegt, dass die Unternehmensstrategie in allen Abteilungen verstanden, implementiert, gelebt und erhalten wird.

- Human Resources
  Mitarbeiter müssen für ihre Aufgaben ausreichend ausgebildet und geschult sein sowie entsprechende Erfahrung besitzen und regelmäßig weitergebildet werden. ISO 9001 geht hier nicht sehr ins Detail und behandelt Aspekte wie Moral und Motivation nicht.

- Marketing
  ISO 9001 beschränkt sich hier auf Verträge, die das Unternehmen am Markt abschließt und behandelt beispielsweise nicht Marktanalysen und Kundenzufriedenheit.

- Processes
  ISO 9001 fokussiert hier auf die Prozesse zum Qualitätsmanagement, d.h. es sind gewisse Dokumentationsprozesse einzuhalten und regelmäßig zu überwachen.

4 4.1 ISO 9001 im Vergleich mit CMMI

Im Vergleich zum CMMI des DoD (siehe oben) kann festgehalten werden, dass bei ISO 9001 der Aspekt der kontinuierlichen Prozessverbesserung eine im Vergleich kleinere Rolle spielt. Auf den ersten Blick würde eine nach ISO 9001 zertifzierte Organisation beim CMMI ein Rating von Stufe 3 oder 4 bekommen, obwohl es auch ISO 9001-zertifizierte Unternehmen gibt, die beim CMMI durchgefallen sind (Level 1 Rating), wofür in der Literatur der hohe Abstraktionsgrad von ISO 9001 verantwortlich gemacht wird, da der Standard lediglich die minimalen Anforderungen an ein Qualitätsmanagementsystem beschreibt, aber keine kontinuierliche Prozessoptimierung anspricht. [Paul95]

Abschließend kann zusammengefasst werden, dass ISO 9001 und CMMI ähnliche Themen ansprechen, und es sich daher für eine Organisation lohnen kann, beide Zertifzierungen zu durchlaufen.

4.5 Zusammenfassung und Einsatzbereich

Compliance-Standards sollen in erster Linie Organisationen selbst helfen, Stärken und Schwächen aufzudecken. Das Management kann natürlich auch eine weniger aktive Rolle einnehmen und versuchen, die Auditoren dazu zu bringen, möglichst schnell möglichst viele Punkte der Checklisten einfach abzuhaken. Als Vergleich könnte man hier einen Schüler heranziehen, der Fragen für einen Test auswendig lernt, ohne sich wirklich mit dem Inhalt zu beschäftigen. Oft kann allerdings ein strukturierter Zertifizierungsprozess wie CMMI oder ISO 9001 lange bekannte Probleme einer Organisation in einer neuen Darstellungsform zu Tage fördern, die dem Unternehmen hilft, diese Schwächen endlich wirksam zu beseitigen und die dahinterliegenden Prozesse zu optimieren.

5 Compliance im rechtlichen Kontext und Ausblick

Wie bereits in den einführenden Kapiteln dargestellt, gewinnt das Thema Compliance in Unternehmen zunehmend an Bedeutung. Neben den dort dargestellten Gründen möchte ich hier noch auf zwei besondere rechtliche Aspekte eingehen, nämlich auf Basel II und den Sarbanes-Oxley Act.

5 1 Basel II

Bei „Basel II" handelt es sich um eine Sammlung von Richtlinien, die vom Basler Ausschuss für Bankenaufsicht ab 1999 festgelegt wurden und sich u.a. mit Eigenkapitalanforderungen an Banken beschäftigen. Im Kern geht es darum, dass Banken bei der Vergabe von Krediten die Hinterlegung der Kreditsumme mit eigenem Eigenkapital anders als bisher vom individuellen ökonomischen Risiko des Kredits abhängig machen müssen. Ein „sicherer" Kredit muss also mit weniger Eigenkapitel der Bank gedeckt sein als ein „unsicherer". Dies wird in der Konsequenz dazu führen, dass sich auch die Kreditzinsen, die der Kreditnehmer zu zahlen hat, stärker als bisher an der Ausfallwahrscheinlichkeit des Kredits orientieren werden. Basel II wird seit 1. Jänner 2007 als EU-Richtlinie 2006/49/EG in Kraft gesetzt und vermutlich ab 2009 auch in den USA Anwendung finden. Neben den Eigenkapitalanforderungen enthält Basel II noch weitere Vorschriften aus den Bereichen der Bankenaufsicht und diverse Offenlegungspflichten für Kreditinstitute.

Zur Bemessung des Risikos eines Kredits werden Banken auf ein sgn. „Rating" zurückgreifen, das die Bonität des Kreditnehmers nach streng festgelegten Kriterien bewertet. Dieses Rating kann entweder von der Bank selbst durchgeführt werden („internes Rating") oder von einer externen Ratingagentur, wie beispielsweise *Standard & Poor's*, *Moody's* oder *Fitch Ratings* vorgenommen werden („externes Rating"). [DeBB07]

Was zunächst nach einer rein bankinternen Verwaltungsänderung aussieht, hat allerdings für Unternehmen, die einen Kredit beantragen, gravierende Auswirkungen: [nach bfiW06]

- Kreditkonditionen werden sich stärker am individuellen Risiko orientieren.

- Unternehmen müssen für das Ratingverfahren umfangreiche Dokumente beibringen, was speziell für kleine Unternehmen mit wenig Erfahrung im Bereich der externen Finanzierung große Herausforderungen beinhalten dürfte.

- Alternative Finanzierungsformen, wie beispielsweise Factoring, Leasing oder Ausgabe von Anleihen werden an Attraktivität gewinnen.

Für das Rating werden neben quantitativen Finanzkennzahlen, wie Cash Flow, Verbindlichkeiten und Umsatzrendite auch sgn. „weiche Faktoren" herangezogen, die einerseits das Marktumfeld und andererseits das Management des Unternehmens betreffen. In den Bereich des Marktumfelds fallen beispielsweise die Produktqualität, das Image und die strategische Ausrichtung des Unternehmens. Dem Management sind Faktoren wie die Führungsstruktur, die Qualifikationen der Top-Manager, aber auch Qualitätssicherungs- und Krisenplanungssysteme im Unternehmen zuzuordnen. [BVÖBoJ]

Wie schon zu vermuten, kommt spätestens bei den weichen Faktoren wieder der Begriff Compliance ins Spiel. Ein Unternehmen, das ein proaktives Wissensmanagement besitzt, gut geschulte Mitarbeiter hat, sauber dokumentierte Prozesse betreibt, sich umfassend an rechtliche Vorschriften hält und eine sinnvolle Qualitätssicherungs- und Dokumentationspolitik betreibt, wird zum einen den Anforderungen des Rating-Verfahrens besser begegnen können und zum anderen bei diesem auch bessere Ergebnisse erzielen. Dies bedeutet, dass Compliance aktiv vom Top-Management wahrgenommen werden muss, da sich die Bemühungen spätestens bei der nächsten Kreditaufnahme positiv auswirken werden.

5.2 Sarbanes-Oxley Act

Der Sarbanes-Oxley Act (abgekürzt SOX) ist ein Gesetz, das in den USA im Jahre 2002 in Folge von Bilanzskandalen der Unternehmen Enron und Worldcom erlassen wurde. Benannt ist es nach den Kongressabgeordneten Paul S. Sarbanes (Demokrat) und Michael Oxley (Republikaner). Ziel des Gesetzes ist es, die Stabilität und das Vertrauen in die Finanzysteme durch verschärfte Transparenzvorschriften für alle Unternehmen, die in den USA an einer Aktienbörse gelistet sind, zu erhöhen.

Einige der Kerninhalte des SOX lauten wie folgt: [nach TeleoJ]

- Haftung des Vorstandes

  Durch ihre Unterschriften haften der CEO (Chief Executive Officer) und der CFO (Chief Finanical Officer) des Unternehmens persönlich für die Richtigkeit der Bilanz. Unterschreiben sie wissentlich falsche Publikationen, kann dies mit Haftstrafen geahndet werden.

- Interne Revisionsberichte müssen veröffentlicht werden

- Code of Ethics

  Die im Code of Ethics definierten Standards sollen Grundsätze der Unternehmensethik festschreiben, beispielsweise bei Interessenskonflikten der Vorstandsmitglieder.

- Audit Committee

  Diese im Unternehmen einzurichtende Abteilung soll den externen Wirtschaftsprüfern bei der Testierung des Jahresabschlusses assistieren und über deren Arbeit an den Aufsichtsrat berichten.

Da die IT in Unternehmen eine wichtige Rolle spielt, beispielsweise in der Buchhaltung oder bei finanziellen Kontrollinstrumenten, ist ein funktionierendes IT-System Voraussetzung für eine effektive Kontrolle der Geschäftszahlen und eine fehlerfreie Bilanz.

Inzwischen wurde viel Kritik am Sarbanes-Oxley Act laut, da die Einhaltung desselben für Unternehmen viel Aufwand und Kosten bedeutet. Jedenfalls kann die Nichteinhaltung schwerwiegende Folgen bis hin zum Delisting (Beendigung des Börsenhandels mit den Aktien des Unternehmens) haben.

5.3 Abschließende Bemerkungen

Ich habe mit dieser Arbeit versucht, aufzuzeigen, wie breit das Themenfeld Compliance ist. Es beinhaltet sowohl betriebswirtschaftliche und strategische Aspekte, da es viel Arbeit des Top-Managements erfordert, besteht zum anderen aber auch aus technischen Anforderungen, die beispielsweise in der Software-Industrie eine wichtige Rolle spielen, und es ist auch für Rechtsabteilungen ein wichtiges Thema, da die Zahl an Vorschriften, die jedes Unternehmen zu beachten hat, in den letzten Jahren enorm gestiegen ist. Nicht zuletzt hat Compliance auch Auswirkungen auf die Unternehmensfinanzierung, wie ich mit dem Abschnitt zu Basel II darzustellen versucht habe. Compliance erfasst das ganze Unternehmen und betrifft alle Mitarbeiter.

"Beim Thema Compliance ist es wie seinerzeit beim Jahr-2000-Problem. Keiner weiß so recht, was genau getan werden muss und jeder hofft, ungeschoren davon zu kommen." (Ulrich Kampffmeyer, Geschäftsführer der Unternehmsberatung Project Consult) [Repp05]

21

6 Literatur

Folgende Literatur wurde verwendet:

[BASF04] BASF - The Chemical Company (2004): Der Transparenz verpflichtet - Chief Compliance Officer. http://corporate.basf.com/de/sustainability/grundwerte/cco.htm, Abruf am 2007-04-21

[bfiW06] Fachhochschule des bfi Wien (2006): Basel II - In Unternehmen. http://basel2.fh-vie.at/inunternehmen.aspx, Abruf am 2007-04-15

[BoMc91] Bollinger, Terry und McGowan, Clement (1991): A Critical Look at Software Capability Evaluations. In: Software, IEEE 8 (4), S. 25-46

[BVÖBoJ] Bundesverband öffentlicher Banken Deutschlands (o.J.): Basel II. http://www.basel2.voeb.de, Abruf am 2007-04-15

[Care07] CareerBuilder.com (2007): Chief Compliance Officer - Retail. Company: E*Trade Financial. (Job Offer). http://www.careerbuilder.com/JobSeeker/Jobs/JobDetails.aspx ?job_did=J3G0NG65H3DST9KXLBP, Abruf am 2007-04-21

[Coal94] Coallier, Francois (1994): How ISO 9001 fits into the Software World. In: IEEE Software 11 (1), S. 98-100

[DeBB07] Deutsche Bundesbank (2007): Basel II - Die neue Baseler Eigenkapitalvereinbarung. http://www.bundesbank.de/bankenaufsicht/bankenaufsicht_basel.php, Abruf am 2007-04-15

[Fock07] Fockenbrock, Dieter (2007): Rechtliche Fallen lauern an jeder Ecke. In: Tageszeitung „Handelsblatt", 27.02.2007, Nr. 41, S. 18

[Hard06] Hardy, Gary (2006): Using IT governance and COBIT to deliver value with IT and respond to legal, regulatory and compliance challenges. In: Information Security Technical Report 11 (1), S. 55-61

[Hard07] Hardt, Christoph (2007): Fernkurs für Kampf gegen Korruption. In: Tageszeitung „Handelsblatt", 19.02.2007, Nr. 35, S. 16

[ITGI05] IT Governance Institute (2005): COBIT 4.0 - Deutsche Ausgabe. http://www.isaca.at/Ressourcen/CobiT 4.0 Deutsch.pdf, Abruf am 2007-04-20

[ITIL05] ITIL Central (2005): News and Information for ITIL - The IT Infrastructure

6 Literatur

Library. http://itsm.fwtk.org, Abruf am 2007-04-21

[OCSa00] O'Connel, Emilie und Saiedian, Hossein (2000): Can You Trust Software Capability Evaluations. In: Computer 33 (2), S. 28-35

[OoGC06] Office of Government Commerce (2006): ITIL - IT Service Management. http://www.itil.co.uk, Abruf am 2007-04-20

[Paul95] Paulk, Mark (1995): How ISO 9001 Compares with the CMM. In: IEEE Software 12 (1), S. 74-83

[Raga06] Ragan, Tracy (2006): Keeping Score in the IT Compliance Game. In: ACM Queue 4 (7), S. 39-43

[Repp05] Reppesgaard, Lars (2005): Bei E-Mails fehlt oft der Überblick. In: Tageszeitung „Handelsblatt", 12.10.2005, Nr. 197, S. 20

[Scho07] Scholz, Detlef (2007): Tool für Compliance im Datenschutz. http://www.tecchannel.de/news/themen/sicherheit/465146/index.html, Abruf am 2007-04-15

[TeleoJ] Telekom Austria (o.J.): Sarbanes-Oxley Act. http://www.telekom.at/Content.Node/ir/governance/sarbanes_oxley_act.php, Abruf am 2007-04-15